JN439586

텃골에 와서

국립중앙도서관 출판예정도서목록(CIP)

텃골에 와서 : 이명 시집 / 지은이: 이명. -- 대전 : 지혜 : 애지, 2017
p. ; cm. -- (J.H classic ; 014)

강원도, 강원문화재단 후원으로 발간되었음
ISBN 979-11-5728-249-4 03810 : ₩10000

한국 현대시[韓國現代詩]

811.7-KDC6
895.715-DDC23 CIP2017022850

J.H CLASSIC 014

텃골에 와서

이 명

지혜

시인의 말

텃골에서 기사문의 삶을 주로 하여 다섯 번째 시집을 상재한다. 도시를 벗어나 자연과의 삶이 즐겁다. 아침마다 햇살이 반갑게 맞아주고 새들이 찾아와 노래를 부른다. 흙에 씨를 뿌리니 싹이 돋고 꽃이 피고 열매가 맺힌다. 산중턱에서 바라보는 바다는 때로는 한 잔의 술이고 때로는 대야에 담긴 세숫물이다. 태양도 추위를 피해 겨울에는 남으로 가고 여름에는 무더위를 피해 북으로 온다. 흘러가는 것들은 흘러가게 두고 바람과 마주선다.

양양 그리고 기사문, 텃골이라는 말, 이제는 사랑스럽다. 험한 바다와 싸워온 기사문의 사람들, 그들은 강하다. 험한 역사의 수레바퀴 속에서 지금도 365일 태극기를 게양해 놓고 있는 사람들, 그들에게 이 책이 조그만 위안이라도 됐으면 한다.

2017년 8월 노염지절에, 바다 시 마을 동해서실 명련재에서
이명

차 례

1부 텃골에 와서

2부 보혜미안 블루

3부 비바체, 당신의 빛

4부 기사문 엽서

• 일러두기
한 연이 첫 번째 행에서 시작될 때는 > 로 표시합니다.

1부

텃골에 와서

동해 바다

산중턱
능선과 능선이 가지런히 흘러내려 대야가 되고
바다는 세숫물이 되었다

반야용선처럼 배가 떠 있고
새벽마다 물은 붉게 데워지는데

언제였던가,
따뜻한 세숫물 한 대야 떠 놓고 당신을 기다린 것이

남천南天

산중 외딴집에 울타리가 필요한지를 생각하다가 그 붉다는 남천南天을 심기로 했습니다 높은 곳은 이중으로 낮은 곳은 삼중으로 두를 겁니다

북서풍이 불고 추위가 오고 주위의 뭇 잎들이 떨어질 즈음 잎은 붉어질 겁니다 어머니가 집 둘레에 샐비어를 가득 심었듯이 그 꽃을 두른 집이 포근했듯이 상록의 잎이 냉혹한 추위를 감싸주겠지요

집은 추위를 견뎌낼 것이고 나는 혈류처럼 온 집안을 흘러 다니겠습니다 더 이상 태엽도 감아두지 않겠습니다 바람도 울타리 사이에 그냥 머물러 있을 겁니다 창窓마다 생기가 넘쳐나고 벽의 환부도 사라지겠지요

집의 옷이 눈부셔 겨울 동안 줄곧, 내 속도 붉을 겁니다

깻묵

압착기에서 빠져나온 덩어리 하나
두드려도 소리 하지 않는, 저것은 사상이다
응고된 실핏줄의 흔적
해독하기 힘든 암벽화라 읽다가
문득, 11월의 갈색 쿠데타라 정의한다
혁명을 꿈꾸며 방황하던 사춘기 시절,
삶은 또 왜 그리 난해했는지
머리에 수건을 두르고 깨를 까부르던 어머니는
그저, 평화를 신봉하는 자유주의자였을까
책 속에 영혼을 복사해 두고
섬유질만 남은 압화였을까
뜨거움을 견디며 습기를 토해내며 무취가 되기까지
묵음으로 듣는 순간
불현듯 당신의 몸짓이 궁금해졌다
결국 둥그스름하게
두툼하게
몇 천 년인가를 가늠하지 못하고 탐색 중에 있는
왕가의 계곡, 미라로 감상하는데

소음 속에서

버릴 거냐고 고함치는 소리에 깜짝 놀라
황급히 보자기에 싸서 들고 나왔다

환골탈태한 짐승의 무게만 남았다

곧 어둠이 내리고 발효가 시작될 것이다
더욱 캄캄할 것이다

임스 램프Lim's lamp

기골이 장대한
문어 잡이 통발어선 임 선장이
젊은 시절 하조대 해수욕장에서 장사할 때 사용했다는 등燈

20여 년 동안 창고에 고이 간직해 온 진공관 등을
산중턱 외딴집 앞마당에 세워두고 갔다
온종일 땀 흘리며 돛대처럼 세워놓고 내려갔다

산중턱은 외로운 곳이라고
등 근처에서 매미는 쩌렁쩌렁 울고 잠자리가 떼로 날았다
새들이 지저귀고 채송화가 만발했다

어둠으로 들어갈수록 어둠이 밝아지듯이
지난날을 반추하며 고개 숙인 등

한때는 길이었을 빛을 돛대 끝에 매달고
밤에는 등도 배가 되어 솟는다

전생을 짚어주던 늙은 선사의 눈빛같이, 등대같이
어둠을 지우며 나아가는 배

>

대륙을 지나고 사막을 지나고
뽀얀 흙먼지를 날리며 말들이 달려가고 풍랑이 일고

밤하늘은 문득
가스통 바슐라르처럼 깊다

몰두할수록 환한 바다
은하銀河를 건너 가물가물 등은 계속 항해 중이다

텃골에 와서

처마 밑에 장작이 가지런히 쌓여있는 집은
보기만 해도 따뜻하다

불을 품고
바람벽에 기대
순서를 기다리고 있는 나무들은 또 얼마나 선한가

버려져 있는 나무보다 선택되었다는 마음에 안도하듯
틈새에서는 아지랑이가 피어오른다

장작은 서까래까지 닿아 있고
영혼은 자유로운데
언제부터 나무들은 제 몸을 태울 생각을 했을까

옹기종기 모여 앉아
몸속에 남아 있는 한 톨의 습기마저 돌려드리며
세월을 둥글게 말아가고 있다

나는 늘 쓰임새 있기를 기대했으나
여름이 가고

또 가을이 가고
선택되기 위해 몸부림쳤던 날들도 다 보내고
한계령 너머 계절의 끝자락에 와 있다

사람들은 왜 거기까지 갔느냐고 말을 하지만
뜨거운 것이 사랑이라면
부풀어 오르는 것은 그리움이라 해야 하나

처마 아래 장작 곁에서
고요히 부풀고 있는 한 독의 술
이제, 더 이상 말은 필요 없을 것 같다

발화를 기다린다

또 다른 도시

도시 하나를 발견했다
이름 모를 벌레들이 흙을 헤집고 다녔다
벌이 잉잉 대고 풀벌레가 요란하게 노래하고
나비가 춤을 추고
잠자리 행렬이 줄지어 비행했다
게아재비가 생각에 잠긴 듯 물위를 서성거렸다
고양이가 밤마다 출몰했다

봉분은 단아했다
유난히 봉분 주위로 새들이 모여들어 지저귀고
햇빛은 찬란하게 빛났다
처음에는 어색하고 낯설었지만
침묵은 깊어지고
고요히 숨죽이고 있던 것들이 눈을 뜨고
풀들이 둥그스름하게 일어난다는 것을 알았다
쉼 없는 소리에
녹색의 지붕이 마침내 들썩인다는 것을 알았다

아내는 산중으로 들어오는 것을 꺼려했지만
어느새 여름이 다 가고 나무는 물들고 하늘은 청청하다

>

나는 이 도시에서
장중한 음악에 귀를 적시며 나무를 쟁인다

허술한 왕국

산중턱 외딴 집은
수평선에서 해가 떠오르는 광경을 볼 수 있어서 좋다
발아래로 초목들이 엎드려 있고
우듬지가 나지막하게
자욱이 머리를 조아리고 있는 모습을 볼 수 있어서 좋다
고라니의 발자국을 살피며 둘러보는 땅의 경사가
자유스러워서 좋다
이러한 풍광을 보며 새벽마다 가슴이 벅차오르는 것은
나는 내가 어느 중세 유럽의 황제로 착각하기 때문이다
산천초목들은 아직 잠에서 깨어나지 않을 때
이슬에 하나둘 빛이 들어오기 시작할 무렵,
여명 속에서 나는 밤새 초목들의 안위를 살피는 황제가 된다
왕국의 영원함을 위해 팔다리를 흔들며 몸을 만들고
제국의 영토를 순찰하고
서기어린 기운으로 온 몸을 샤워하고
그제서야 갓 올라오는 태양을 맞이하는 것이다
내가 잠시라도 이러한 착각 속에 살고 싶어 하는 것은
사실 나는 내가 이 외딴 산중에서
그냥 그렇게 살아갈 몸이 아니라는 것을,
전생에 황제였다는 것을

마치 내가 당연히 여기고 있는 것처럼 착각하기 때문이다
날이 밝으면 그래서
나는 또 어둠 속으로 허물어져 내리는 것이다
나의 나라는 밤에 세워졌다 무너지기를 반복하는 것이다

밭의 진화

고추 모종에서 귀를 발견했다
바람이 얼마나 수다스러웠으면 허리가 부러졌을까
쓰러진 모종 하나,
지지대를 세우고 묶어주었더니 귀가 돋아났다
귀는 내 발자국 소리에 쫑긋 빛났다
밤새 아픔을 참고 견딘 흔적이 마르지 않고 남아있었다

상처가 아물지 않은 저 모종은 아직 너무 어려서
세상의 그늘을 분별하지 못하지만
하도 산중의 소리가 궁금해 귀부터 생겨난 거라

성장하면서 비 오는 소리를 들으며 먼 데를 생각하고
꽃이 피는 소리에 깜짝 놀라 눈을 뜬다거나
별이 움직이면 곰곰이
그 소리를 따라가며 몸을 돌리기 위해 귀부터 생겨난 거라

키가 자라 줄기가 강해지면 귀는 점점 사라질 것이지만
나는 한 포기의 모종, 안부가 궁금해
새벽마다 내려가 유심히 살펴본다
어린 것이 내 숨소리에 안도하다가도

바람 한 줄기에는 소스라친다
중심을 잡고 다시 꼿꼿하게 세워주는데
어딘가에서 조곤조곤, 그늘을 갉아먹는 소리가 들린다

말귀도 밝아지는 걸까 내 귀가 뚫린 것 같다

숨어 있는 빛

뒷산이 소란스러워 올라가 보니 아무 것 보이지 않아 더 깊숙이 들어가 보니 바람 한 줄기 몸을 훑고 달아난다 돌아봤더니 바람은 사라지고 나무들만 가지를 벌리고 서 있다

그 숲속에 내가 나무처럼 서 있자 가려져 있던 나무 가지 하나 몸을 삐죽이 내밀다 말고 곧바로 숨는다 주변 나무들은 내 앞에서 열병하듯 꼿꼿하다 인내하지 못하고 되돌아 내려오는데 뒤에서 다시 또 수군거리는 소리가 들린다

나도 이제 벌레가 되어가나 보다

오이

줄기에서 곰실곰실 애벌레들이 집 밖으로 나오네

아직, 새벽하늘에 초승달이 떠있네

아마, 꿈속이었을 거야

간밤, 저 배를 타고 은하를 건너온 것이

아직, 멀미 중인가 봐

모두 이리저리 몸이 구부러져 있네

머리마다 노란 꽃핀을 달고 있네

장난꾸러기들, 하나같이 표정이 밝네

자세히 들여다보니 불쑥,

삼천갑자 동방삭이 걸어 나올 것만 같네

갑자기 목이 마르네

산중 인사법

잠자리 높이 날아 퍼레이드 한다
울음을 그친 매미 한 마리, 낮은 가지에서 날개춤을 춘다
미루나무는 카드섹션을 준비하듯 물결처럼 빛난다

풀숲에서 들려오는
경쾌하게 끊어질 듯 이어지는 오케스트라

신갈나무 우듬지는 다분히 철학적이다
몸을 흔드는 것이 수다스럽지 않아서 좋다
올려다보지만 늘 그 위가 궁금하다

나무 속 어딘가에 주방이 있어 딱따구리 도마소리 요란하다
두리번거리니 코스모스가 미소짓는다

바다는 한 잔의 칵테일, 연한 보랏빛 기억

이제, 일일이 눈맞춤 할 일만 남았다

빼꾸기 창

세상은 온통 초록색 횃불이다

잡목들은 군대처럼 누웠다 일어난다

칡은 나무를 타고 올라 우듬지에서 서성거린다

베어진 나무는 몸을 말리며 하얗게 웃고 있다

고양이 한 마리 살금살금 나타나자 꿩이 날고

뱀도 혀를 날름거리며 바라보고 있다

그늘은 어둠을 놓지 않는다

갈아놓은 감자밭이 만수국처럼 환하다

한계령을 넘어온 나는 두더지처럼 눈이 멀었다

높은 곳이 아니면 보이지 않는다

단단한 배후

대한을 며칠 앞두고
베란다 화분에 심어 놓은 산철쭉 한 그루
느닷없이 꽃을 피우고 있다
자세히 들여다보니
밑동에 사슴벌레 한 마리 죽어 있다
다른 화분들은 죽장처럼 고요한데
문상하듯 바라보자
활짝 웃어 보이기까지 하는 꽃은 겨우내 지지 않았다
풍장이 끝날 때까지
그것이 꽃의 조문이라는 것을 나는 짐작조차 못했다
삶이 조문이라는 것을 새까맣게 몰랐다

결단

간밤, 세찬 바람 견디지 못하고
뒷산 아름드리 금강소나무, 가지가 꺾어졌다

어둠 속 바람과 맞선 흔적, 바늘처럼 돋아 있다

드러난 하얀 속살
물관 지나가는 자리가
수없이 많은 바늘로 돋아있는 것을 보고서
밤새 혼자 독하게 버티었다 생각하다가

생채기 끝마다 맺혀 있는 물기를 보고서야
생각이 깊다는 것을 알았다

버릴 것은 버리고
자를 것은 잘라내는 단호함이 돋보였다

아침 햇살에 일렁이는 저 의연함,
꺾인 속살 부위가 눈부시게 환했다

흙의 집

솔숲 그늘에
불룩하게 솟아오른 서릿발,
은백색 기둥이 불꽃처럼 직립해 있는 집을
여보, 당신은 아는가

오월 어느 하루 길일을 택해
별이 몰래 씨앗을 뿌려놓은 듯한 그 숲속에
씨앗을 보듬어 가며 뿌리를 키우고
뿌리는 자라 기둥이 되고

조캉사원 언덕에 쌓아올린 돌무더기처럼
타르쵸*처럼

서리들이 일어나 당간지주가 되고
가슴이 부풀고 산이 움직인 것을

마른 풀잎 성성하게 지붕에 걸려 있고
흙의 악력이 뼈처럼 얽혀 솟아 있는 기둥 사이로
산더덕 냄새가 흘러나오고
문장紋章이 되고

>

그 숲속에서 바람이 읽고 가는 경전 소리
여보, 당신은 듣는가

아내는 남편의 누님이라는 말씀
기둥마다 빛나는 것을

라 쏘로! 치치쏘소**

* 타르쵸 : 경전을 적은 오색 깃발
** 라 쏘로! 치치쏘소 : "신이여, 우리를 보살피소서!"

눈부신 황홀

동틀 무렵 아카시아 숲속
오색딱따구리 한 마리, 나무를 쪼며 분주히 오르내리고 있다

붉은 띠를 머리에 두르고
불그스름한 앞치마를 둘렀다

바다에는 배가 떠 있고
가지마다 불을 켠 듯, 나무도 온통 하얀 초롱을 주렁주렁 내걸었다

공중에서 요란하게 들려오는 도마 소리

당신이 오시려는가

마조의 백가지 모두 틀림

38선에는 붉은 줄이 그어져 있는 줄 알았다

기사문 해변 7번 국도
여기가 38선이라는 돌 팻말 하나 우뚝 서 있다

건너편 잔교리에서는
냇물이 가로질러 바다로 흘러들고 그 북쪽 땅은 붉지 않았다
숲은 짙은 초록빛이었고 바다는 푸르고 푸르렀다

38선 글자만 가자미식해처럼 삭아 붉었다

어딘가에 지워졌을 것만 같은 선의 흔적을 찾아
사방을 두리번거렸지만
파도는 철썩이고 태양은 빛나고
아득히 먼 곳에서 수평선이 길게 누워 졸고 있었다
사람들의 주름이 깊게 패여 해맑았다

태극기는 온종일 펄럭이고
마을회관 앞집 마당가 동백이 피처럼 붉었다

2부

보헤미안 블루

감자꽃

한 여인 적시던 바다

이랑마다 별은 뜨고 눈물 같은 별은 뜨고
꽃이 피고
잃어버린 것들은 모두 연한 보랏빛이다

꽃은 왜 또 피어나
눈물같이 피어나 너울이 되나

숨어있던 생각들로 밭은 온통 환하다

바람 한 점 없어도 물결이 이네
옛사람이 고랑을 넘어오네

한 여인 적시던 푸름, 환하게 요동치네

별불가사리

기사문 부두 후미진 곳
산더미처럼 쌓여 있는 불가사리의 주검을 보고서야
별의 고향이 바다라는 것을 알았습니다
별은 죽어
바다나라에서 부활한다는 것을 알았습니다
간밤에 무수히 떨어진 별똥별
어릴 적 별똥별은 무슨 음모처럼 떨어지곤 했는데
하늘나라가 그러했듯이
바다는
떨어지는 별들을 그저 묵묵히 받아들이고 있었습니다
미리 떠난 사람을 찾아 별을 헤아리던 그 밤에도
별똥별은 쏟아지고
밤하늘엔 장례를 치르듯
별들이 숙연히 빛나고 있었습니다

거룩한 해도

다락방은 조타실, 빼꾸기창을 통해 바람의 방향을 읽고 천기를 살핀다 벽난로의 불은 활활 타오르고 책장에서 한 권의 책을 꺼낸다 어둠이 내리고 산중에 연기가 솟으면 사람들은 이미 출항했다는 것을 안다

어둠을 향해 나아가는 배, 바람 따라 풀이 눕고 거칠게 풍랑이 일고 붕새가 날고 곤의 물살에 배는 기우뚱거린다 깃발이 펄럭이고 너울이 갑판을 뒤덮는다 대기권을 벗어나 전속력으로 솟아오르는 배, 벽난로는 푹푹 달아오르고 기관실 열기에 속력은 높아지고 온몸으로 키를 잡는다

몰두하면 할수록 멀어지고 멀어지면 되돌아오는, 즈믄 강을 건너는 집은 상처투성이다

당신은 빛, 나는 어둠, 거룩한 한 권의 책, 해도를 읽는다

부활제

왜 또 어둠은 사라지려는가
수평선에 뿌려진 흐릿한 핏자국
방금 수정된 알들과
산통을 겪고 있는 나무들과
이제 막 태어나고 있는 별들을 황급히 망토 속에 쓸어 담고
불룩한 몸으로 떠나려하는가
수평선까지 나가 불 밝히며
까마득히 변방을 지키던 배들도 철수한 시각에
나는 왜 또 깨어나
하늘에 남아있는 얼룩을 지우고
수평선을 닦아내고
삽을 들고 푸성귀 밭으로 나가는가
온종일 살아서 다시 죽는가
들에도 숲에도 바다에도
아직은 망토자락이 남아 펄럭이는데
누구를 위해 아침은 오고 나는 또 젖은 들판으로 나가는가
어둠의 흔적을 지우며 다시 올 어둠을 기다리며
씨앗을 뿌리는가
아침은 누더기처럼 살아나서 죽는가
죽고서 다시 살아나는가

절정

울지 마라, 새야
그물에 걸린 새를 보며 울지 마라, 새야
저 봉긋한 것들이 모두 무덤이란다

바다에 비가 내리면 그때 울어라, 새야
바다에는 창문이 없단다
그래서 하염없이 부푸는 거란다

비가 내리고
내리는 비는 물이 되고
물속에 잠겨서 더욱 깊은 물이 되나니

육중한 것은 구름에 가려 보이지 않을 뿐
넘어야할 것이 한계령뿐이겠느냐

울어라, 새야,
소리 내어 크게 울어라, 새야
내 속에 바다 하나 생길 때까지 실컷,
울어나 다오

동해 북부선

해안가 가지 밭, 저기는 노천 무도장이다

쨍쨍한 별이 몸을 한층 부풀려 놓았다

녹색 등불 아래 모자를 눌러쓰고 흔들어대는 광란의 밤

보랏빛 생각만 남기고 열차는 떠나갔다

그 밤에 헛배가 부르다는 것은 또 얼마나 낭만적인가

초록 잎 사이 짙은 보랏빛 원피스

기억의 철창 안에서 가지들은 탱탱하다

귀항歸航

동백, 꽃봉오리 터졌다
꽃 활짝 피었을 뿐인데 와락, 내 안의 바다가 쏟아졌다

방죽은 단단한 것 같았으나 생각뿐이었다
가자미식해 냄새가 한꺼번에 몰려나왔다

바닥에 나뒹구는 것들
사라진 것은 모두 거기에 널브러져 있었다

파도가 넘실거리고 갈매기가 날고
이랑 사이로 배가 흘러갔다

여자는 파도에 흥건히 젖어있었다

가벼워진다는 것은
비로소 누군가를 사랑할 수 있다는 말
그물코마다 해초가 돋아났다

기울면 차고 차면 익고
익으면 쏟아지는 것이라고 말들 하지만

>

나는 동백꽃처럼 서러웠다

바다는 이제, 더 이상 내 안에 머물러 있지 않았다
씨앗들이 날아올랐다

북명항로

바다에 문을 달았다
문 하나 달았을 뿐인데 길이 생겼다
방파제를 돌아 먼 바다로 나 있는 길은 언제나 열려 있어
바라보기만 해도 아늑하다
그 길을 걸었다
해무가 끼고 막막해서 분간을 못했지만
문 하나 달았을 뿐인데 나침판처럼 편안하다
갑판에 서서 수평선을 바라보면 충전이 되었다
부두의 기억이 살아나 비릿했지만
빛나는 것은 모두가 신의 눈을 가졌다
멀리 반야용선처럼 배가 떠있고 길은 그 곳으로 나 있었다
기둥을 세우고 문 하나 달았을 뿐인데 여자가 왔다
문 앞에서 합장을 한 후
집으로 걸어 들어가듯 길을 따라 고요히 문 안으로 들어갔다
파문이 일었지만 곧, 바다는 문을 걸어 잠그고 잠잠했다
그 솟을대문과 마주했을 때
곤이 물결을 가르고 대붕이 나는 것을 보았다
있는 듯 없고 없는 듯이 있는 문은 북명北溟으로 나 있었다
언젠가 나도 저 문으로 들어서겠지만
밤마다 신들의 무도회가 열리고 길은 읽을수록 깊이를 더했다

해변은 소란스러웠고

달포가 지나도록 문은, 저 홀로 빛나고 있었다

그 길을 걸었다

보헤미안 블루

산중턱에 걸려 있는 바다는 한 잔의 칵테일,
슬픔을 아는 자의 것이다
능선과 능선이 유연한 곡선을 이루며 흘러내려 술잔을 만들고
거기에 담겨있는 바다
술잔은 언제나 반잔의 바다로 채워져 있다
나머지 반은
때로는 먹구름이
때로는 뭉게구름이 바람과 함께 들어와 있다
맑은 날에는 하늘이 여백을 메워주고 있다
술잔 속으로
아침마다 태양이 떠올라 술은 서럽도록 붉고
풍랑이 이는 날에는
한 배 가득 울적함을 부두에 부려 놓고 배는 산중으로 들어온다
바다는 깊어지고
배는 목이 마르고
뱃사람들은 막막해서 나는, 한 잔의 칵테일을 준비하는 것이다
서러움에 목이 멘 어부에게는 테킬라 선 라이즈를
눈물이 마른 어부에게는 블루문을
사랑을 잃어버린 어부에게는 섹스 온 더 비치를 준비해 두고
날이 저물기를 기다리는 것이다

한낮, 다시 또 방파제 너머로 미끄러져 가는 저, 한 척의 배
어쩌면, 임 선장의 문어 잡이 통발어선 아니면
최 선장의 광어 잡이 그물배일지도 모른다

니르바나 언덕

숲이었다
눈 덮인 숲이었다, 횡계리 황태 덕장

하늘은 캄차카 바다처럼 창백했다

녹았다 얼었다를 반복해야 영혼이 맑아진다는데
나무토막이 될 때까지
두드리면 보푸라기가 되어 날아오를 때까지
몸을 흔들며
바라나시 수도승처럼 깡말라가고 있었다

우듬지 어디선가
쨍쨍, 죽비소리가 들려왔다

그리운 나비도

바다는 온통 꽃밭이었다
배는 이랑을 일구며 달리고 이랑마다 꽃이 피어났다
마우이 들녘, 레인보우 샤워 트리처럼
연분홍 꽃들이 피어나고 있었다
햇살 꽃 레이, 목에 드리워졌다 사라졌다
피어나는 것은 반짝이고
반짝이는 것은 곧 나풀나풀 날아갔다
정자에서 삿갓처럼 생긴 봉우리를 바라보며
한 움큼의 바람을 깊이 들이마셨다
무지갯빛 물결들이 누웠다 일어나고
날아다니는 것은 모두 꽃이었다
하조도에서 눈빛도 조용히 꽃이 되는 것을 보았다
갑판 가득 서러움을 싣고 배는 또 어디로 흘러가는지
구름 위로 나풀나풀
그대는 또 꽃이 되어 날아가고 있었다

나무들의 장례식

폭풍우에 쓰러진 참나무 그루터기에서 구름버섯이 피어났다
염殮을 하듯 몸을 층층이 감싸고 있었다

주변에는 국화꽃이 빼곡히 들어서 있었다

조문하듯
웅크리고 있는 하늘소 뒤로 산개미들이 줄지어 들어서고 있었다

살아있는 가지들은 고요했다

잎들은 소리 지르지 않았다

하얀 꽃에 둘러싸인 주검, 환했다

뒷산을 내려오며 나는 그 곁에 돌탑 하나 세워주었다

호박밭

텃골 기슭 호박밭, 호박순이 무성하다

바다가 뭍에 오르기 위해 끊임없이 몸을 말듯이
허공으로 길게 뻗어나간 나선형 소용돌이

휘면 온전해지고
굽으면 곧아지는 저 악력의 힘으로 허공을 오른다

팽팽한 줄기 끝
새순이 돋아나는 생장점은 터질 듯 뭉툭하다

수평선 너머 별들도 맴을 돌고
물결이 밀려와 발을 쓸고 지나면서
파이면 채워지고
채워지면 새로워지는
그 해변의 여름은 또 얼마나 아득한가

적으면 더해지고
많으면 잃게 되는 어둠 속에서
개화를 위하여 살아있는 것들이 소용돌이친다

무덤덤하던 밭이 몸부림치듯 캄캄하다

벌레 사숙

나는 벌레다
왜 이 산중에 와 있느냐고 묻지 마라
와서 보니 벌레들이 많더라

동쪽, 비늘 있는 벌레와
서쪽, 날개 있는 벌레와
남쪽, 털 있는 벌레와
북쪽, 껍질 있는 벌레와
중앙에는 털이 없는 벌레

들여다보면 볼수록 신기하더라
꿋꿋이 자기 할 일만 하는
생각이 깊을수록 행동은 신중하더라
힘을 과시할 일도 없이
나는 중앙에서 저들을 방해하지 않으려고 조용히 지내고 있다

왜 이 외딴 곳에 와 있느냐고 묻지 마라
무심코 풀숲을 기어가던 민달팽이를 만났다
저도 놀란 듯 오랫동안 생각에 잠긴 것 같았다
긴 시간 동안의 생각 끝에 가던 길을 씩씩하게 가더라

마음을 비운지 오래인 것 같았다

어느 것 하나 두려움이 없는 것이 좋았다
사이좋게 지내는 것이 부러웠다
무엇엔가 골몰할 때는 그지없이 적막하지만
처녀들의 환생인지
무슨 신바람이 났는지
날아다니는 것들의 수다스러움에 나도 생각이 깊어졌다

생각한다는 것이 얼마나 즐거운 지
여기서는 날개 없이도 날아다닐 수 있겠더라

무덤은 고향이더라

저들이 누군가의 환생인 걸 알았다
나의 후생이라는 것도 알았다

미혹

어디에서 또 무슨 일을 저지르고 왔는지
왕파리 한 마리,
두 다리를 앞으로 내밀며 싹싹 빈다
아무리 쫓아내도
다시 나타나 머리를 조아리며 발을 비빈다

눈치를 살피며 표정을 읽으려 애써 보지만
심중을 헤아리지 못하겠다

모른 척 눈길을 돌리는 나를 향해 끈질기게 따라붙어
두 날개까지 비비며 온몸을 낮추는 저 간절함

제 잘못을 안다는 것
용서를 빈다는 것

어느 누구에게도
두 손을 비비며 용서를 빌어본 적이 없는 나로서는
그 속, 알 길이 없어
슬며시 돌아앉아 눈을 감는다

몸 둘 곳이 없다

두터운 책

군립도서관 책장에서 하조대 바다를 꺼냈다
검푸른 표지를 가진 한 권의 책은 내용이 깊다
갈매기는 유유자적 화선지 위를 날고
그러나
풀리지 않는 생각들을 정리하기 위해 찾아가 뒤적여보는 책장
하조대 바다에서
하륜과 조준의 이야기는 서문일 뿐,
파도의 문장에서는 고담준론高談峻論이 한창이다
끊임없이 펼쳐지는 두루마리
풀기 어려운 생각의 끝,
수평선 너머
붉은 해를 삼키고 토해내는 바다가 있다고 한다
글자들이 뼈를 묻는 백사장이 있다고 한다

물길

비탈진 땅 아래 삽으로 고랑을 파고 둑을 쌓았다
제멋대로 흘러내리던 물들은 모여서 흥얼거리며
좋아라 어깨동무하며 내려갔다
서둘러 내려가는 몸에서 광채가 났다
경사진 곳으로 흘러, 흘러가서
가장 낮은 곳에서 빛이 되는 저, 부드러움
불현듯 높은 곳만 바라보며 힘겹게 오르던 내가 생각나
길을 내다 말고 물끄러미 달려 내려가는 물들을 바라보았다
떠나가는 이들은 모두 가벼운 몸으로 사뿐히 떠나갔다
홀가분하게 사라지는 뒤태가 아름다웠다
가서 머무는 곳
거기에 물들의 도시가 있을 것이다
맑고 깊고 투명한 거울일 것이다
저들은 거기가
가장 낮은 곳이라는 것을 까맣게 모를 것이다

3부

비바체, 당신의 빛

감전

잔설 남은 산기슭에
내가 생강나무 꽃으로 피고 있을 때

꽃그늘로 들어온 것이
그냥 지나가는 한 마리 사슴인 줄 알았는데

그게, 그대일 줄이야

졸곡卒哭

앞마당에
매화나무 한 그루 심는다

바람이 불면
향기는 아래에서부터 날아올 것 같아
남쪽 마당가에
설중매 한 그루 심는다

하지정맥처럼
거친 밑동을 가진 흑매 한 그루

한파에도 꽃을 피울 것이다
내 속에도 그림자 질 것이다

망종芒種

당신이 가고 난 한 달 뒤
땅을 열고
오이가 올라오는 줄 알았는데

넝쿨손, 저것은 불꽃이다
땅 속에 불덩이가 있다

애지중지하는 것들은 너무 멀리 갔는데
길을 찾는 듯 마지막 점화인 듯
타오르는 불길

불꽃이 솟구친다

사방으로 대를 박고 끈으로 엮어 주니
고요하다
엉킨 새순을 가지런히 펴고 자리를 잡아주니
은은히 묵향이 풍긴다

비로소 길을 찾은 듯
둥글게 감기는 불꽃

>

넓은 잎 그늘 속, 애벌레 같은 화인火印 하나
서천西天, 붉은 구름 한 조각

나 이제, 가볍게 품어갈 수 있으리니

비바체, 당신의 빛

싱크대 문 안쪽에
나란히 꽂혀있는 몇 자루의 칼

당신이 베어낸 절벽이 푸르듯이 바다는 푸르고
숨어 빛나는 칼의 눈도 푸르다

도마 위에 누워 있는 방어의 등도 푸르고
방파제 앞바다
죽은 것처럼 흘러가는 한치의 몸에서 푸른빛이 감도는 것도

어둠이 아니고서
슬픔이 아니고서야 어찌
푸른색이 배어나올 리 없지, 저 몸에서

시선은 바다를 향해 있고
푸른빛은 서서히 내게로 스며들어 접시처럼 부서지는 것일 게지

당신과 나,
단면이 같듯이
부서져서 희망이 되는 것일 게지

>

어둠 속, 아득히 별은 빛나고 나는 바다를 생각하고
가오리는 부두에서 몸을 말리며 밤마다 웃는다

가창오리 떼

천수만 하늘은 바다다
하늘 가득 물결이 밀려온다
북쪽에서부터 질서정연하게 밀려오던 물결은
천수만 하늘에서 부서져 노을파도가 된다
붉게 채색된 한 폭의 풍경화
어둠이 내리면 어둠 속에서
물결은 그리움처럼 낱낱이 뭍으로 내려오고
자석마냥 나를 흡입해 간다
혹한은 더욱 멀고 아득한 것이어서
물결은 시베리아로부터 흘러들어오는 것인데
물결 되어 떠난 사람 물결 따라 돌아오고
짙어가는 어둠 속에서
나는 그 사람을 생각하는 것이다
하늘도 바다라서 저녁에는 붉어지고
나는 물결을 타고 자작나무 숲으로 떠난
한 사람을 생각하는 것이다
그 바다에서
나는 물결이 되고 어둠이 되는 것이다

숨겨진 빛

생강나무 꽃 필 때
생강나무 속으로 걸어 들어간 사람
대지는 잿빛이고
나무들은 아직 우중충한데
별 같은 꽃
꽃 같은 별 점점이 피어났다
지금은 무엇을 심을까 파종을 고민할 때
그러나 그 사람은
나무 그늘 속으로 걸어 들어가 나무처럼
한 마리 사슴처럼
그 속에서 꼼짝 않고 있다
이 산중에서
최초의 사람을 만난 꽃과 꽃을 만난 사람이
각자의 향을 풀어놓고
서로의 세계에 빠져들고 있다
잎이 피기까지 아직 봄은 멀리 있지만
때가 지나도록 돌아올 생각도 없이
그 사람은 나보다 생각이 더 멀리가 있다

자월도 엽서

말라 죽은 개살구나무 한 그루 베어버리자
직박구리 집이 무너졌다
빈집에서 호랑거미 몇 마리 우르르 몰려나왔다

변명은 하지 않았다

조선시대 귀양 온 사람이 첫날밤 보름달을 보며 자신의 억울함을 한탄하니 갑자기 달이 붉어지고 바람과 폭풍우가 일어 하늘도 자기 마음을 알아준다고 생각하고 이름을 자월도라 했다는 섬, 그 섬에 갔다

밤중에 달이 붉어지기 시작했다

코드를 꼽다

텃골, 그곳은 바다였다
애초부터 바다는 방전되어 있었음으로 어둠이었다

한 번 출항한 배는 적막함을 싣고 돌아오고
경매인이 없는 부두는 슬픔이었다

여름은 다 늙어 가고 유녀의 깊은 눈빛 속을
고기들이 몸을 흔들며 다니는 것도 외로움 때문이었다

문득 당신이 떠올랐다

그 바다에서 나는
사랑도 색깔이 있고 향기가 있다는 걸 알았다
온기가 있다는 것을 알았다

나는 목이 말랐다

충전이 필요했다

바다 깊은 곳에서 벽 하나를 건져 올려 코드를 꼽는다

당신을 만난다

중림동 오월

휴가 나온 아들이
여자 친구가 만들어서 주었다는
블루베리 고농축 엑기스 병을 들고 밤늦게 들어왔다

그동안 너무 써서 방치해두었던
아내가 만들어 놓은
이십여 년 묵은 칡술을 꺼내 술잔에 붓고
엑기스와 함께 얼음을 넣어 칵테일을 만들었다

잠시 접어둔 가스통 바슐라르와 어우러진 맛은
더없이 부드럽고 오묘했다

창밖 제라늄 꽃이 어여머리 댕기처럼 붉은 밤이었다

바랑을 메다

오래 묵은 청소기에서 사이렌 소리가 난다

어딘가 문제가 있는 것 같아
대충 밀고 코드를 뽑아 버튼을 누르니 긴 줄만 이리저리 몸을 뒤척일 뿐
코드는 도통 들어갈 생각을 않는다

이제는 충전조차도 힘겨운 모양이다

마냥 늘어져 있는 생명줄을 달래가며 버튼을 누르고 어르며 겨우 집어넣는다

당신, 너무 멀리까지 왔다

멍게유곽비빔밥

통영 어구섬 앞, 산과 산 사이
잔잔한 바다는 유곽이다

바다 속에 온통 홍등이 걸려 있다

탱글탱글한 멍게들
줄을 끌어 올리자 줄줄이 올라온다

자동화된 기계가
선홍색 몸들을 마구 배 바닥 한쪽으로 몰아놓는데

이곳 미의 기준은 아랑곳하지 않고
저마다 울퉁불퉁한 몸매들을 자랑하며 반짝이고 있다
몸속 깊이 품고 온 바다 향을 한껏 내뿜는다

결국 그 향내에 취해버린 맛집 주인
멍게유곽비빔밥이라 이름 붙여 붉은 등, 간판 하나 내걸어줬다

상위에 오른 미백의 속살
붉은 꽃잎 하나 수줍은 듯 덮고 있는데

>

침묵하고 있어도 말을 하는 것 같고
말을 하여도 침묵하고 있는 것처럼 내 속을 태운다

힐끗힐끗 내 눈치를 살피는 유곽 주인

막사발 한구석 강한 눈빛 하나가 내 가슴을 찌른다

나의 루치아

안산 오르는 길섶에 노란 꽃이 피었다
이 꽃 이름이 뭐냐고 물었더니 황매라고 일러주었다

기억을 못하고 있던 내가 산길을 내려오며 또 다시 물었다
밝은 표정으로 또 다시 황매라 말해주었다

유독 그 꽃 이름만은 왜 그렇게 생각이 안 나는지

오르내릴 때마다 물어보았지만
그 꽃 이름만은 꽃같이 대답해 주었다

도시를 떠나
나는 지금 들꽃 흐드러진 산속에 홀로 있다

해맑은 꽃
이제 보니 알겠다 풀꽃 같은 사람

국수

니모키 트레일에서 내가 마카로니 국수였을 때 그대 속으로 들어간 적이 있었는데 그대 속은 넓고 따뜻했다 길이 복잡한 곳도 있었지만 대부분 고요하고 적막했다 어딜 가나 석양 같은 불그스레한 풍경이었다

외딴 방 한 구석에서 창밖을 내다본 적도 있었고 어느 끝없는 길가에서는 이정표처럼 돌탑이 서 있는 것도 보였다 돌탑은 어둠인 것 같아 보이는 대로 제거하였는데 그 뿌리가 깊어 죽순처럼 돋아날 기세였다

구불구불 산길 사이를 지나다 길을 잃었는데 헤매던 중 동굴이 있었고 연못이 있었고 연못가 바위틈에서 옷 한 벌 보았는데 날개가 달려 있었다

그대, 더러는 날더러 나무꾼이라 그러더니 아직도 속에 날개옷을 품고 있었구나 언젠가 그대 떠나는 날을 위해 벗어놓은 그대로 못 본 척 고이 두고 나왔다

내 모습 이미 흔적 없이 녹아내릴 즈음이었다 랜싱호숫가였다

과메기

영일만 해변
청어들이 줄에 매달려 혹한의 바람을 맞고 있다
온몸에서 빛이 흐른다

질서정연한 빛의 대오

하늘은
깊고 깊은 유년의 하늘

바람 부는 교정 줄지어선 아이들 틈새
멀건 김칫국에 허기를 달래가며 수분이 말라가던 시절
눈빛 하나로 견디어 내던 겨울이 있었다

그 눈빛, 오늘 저 몸에 살아 빛난다

알약

울란바토르 뒷골목

아기를 업고

물동이를 머리에 이고 가는 여자,

아슬아슬 물은 넘쳐흐르지 않는다

방울방울 떨어지는 물을 손으로 훔쳐내고 있다

되똥되똥 뒤따르는 또 한 아기

먼 훗날, 아기도 자라 그 모습을 기억하겠다

약이 되겠다

음악 놀이, 아마또를 위하여

손이 휘젓는 유장한 곡선 따라 줄지어 잠자리 날고
꽃이 피고 강물은 흘러

떠나보낼 사람과도
이미 오래전 이별을 하고

높고 낮은 음들이
세월의 수레바퀴를 돌리며 힘차게 바다로 흘러들 때

굳이 장막은 내려오고 불이 켜지고 그 막간에서
문득, 마주한 갑일甲日
이날을 기려
새들이 노래하고 코스모스 춤을 춥니다

공중에 입을 대고 나직이 불러 보면
샐비어 꽃잎 한꺼번에 열릴 것만 같은 이름, 아마또

당신의 몸짓 따라
선율은 물결이 되고 바다가 되고 우주가 됩니다

>

때로는 어둠이었다가
때로는 가난이었다가
이윽고 빛이 되는 태경루,
그 청청한 양심의 무대에서
광배처럼 피어난 사베리아 화사한 꽃, 꽃 한 송이

몇 소절 음으로 빚은 빛의 턱시도를 입고
꽃을 품고
다시 무대에 오르는 당신

눈이 부십니다

피어라, 꽃

여기는 태고의 바다
파도는 쉴 새 없이 부풀어 올랐다 가라앉고 요동치며
고동 소리는 멈추지 않는다

스릴을 즐기는 서퍼들은 분주히 험한 파도를 오르내리고
곰과 황소가 힘을 겨루어 언제나 출렁이는 곳
어부들은 해가 솟는 곳으로 그물을 던진다

여린 불꽃을 사르며 보듬으며
이 땅의 심장이 되어 불타 오른 지 어언 60년!

초기의 증권파동과 위조증권 사건, 건설주 파동과 그리고 IMF
크고 작은 소용돌이 속에서
피투성이 된 곰과 황소를 다독이며 역사의 질곡을 헤쳐 나왔다

증권시장의 위상을 드높이기 위해 동분서주하며
이윽고 꽃을 피워냈다

사람들아 보는가
이 바다, 이 푸른 바다에 피어있는 붉은 꽃 한 송이를

이 땅, 갓 60년 된 자본주의의 꽃이 얼마나 붉은가를

사람들아 아느냐
그 꽃이 이 땅의 자본주의를 견인해온 강인한 심장인 것을

그 꽃잎 속
씨방에서 터져 나오는 황소의 거친 숨소리와 곰의 울부짖음을
그대여 듣는가

그 소리가 온 나라에 생기를 불어넣고
그것이 다시 용광로에 불꽃이 되어 타오르는
영원히 지지 않는 꽃을 우리는 피웠고 지켜냈다
가난을 딛고 죽음을 딛고 청춘을 불사르며 여기까지 왔다

장하다 증권시장이여
다시 한 번 솟구쳐라 대한민국 경제여

우리는 지금 더 크고 진한 붉은 꽃을 피워내야 할 때
몸과 마음을 가다듬고 옷매무새를 고치고
다시 저 광활한 벌판으로 달려 나가자

그리하여 이 땅의 골골마다 새 희망의 기운을 불어넣자

만세, 만세
증권시장이여 만만세

이 땅의 자본주의여 영원하라!

꽃에 물들다

오월에 피는 꽃, 성도화를 아십니까

꽃이라 부르기에도 너무 벅찬 당신,
당신은 대한민국의 빛나는 육군 소위였습니다

임관한지 4개월 만에 당신은 산화하고 꽃이 되었지요
1970년 5월 13일 21시 25분
화천군 사내면 용담리 각개전투장에서
꽃 한 송이
너무나 충격적으로 피어났습니다
별이 한없이 청청하게 빛나는 밤이었습니다

그 밤 어둠 속으로
별꽃 하나 캄캄하게 떠오르고
그곳에 진한 붉은 꽃 한 송이 피어났죠
그 별꽃 이름이 성도화라는 것을 당신은 아시는지요

당신은 가고
꽃은 피고

>

꽃 중의 꽃, 성도화
지고지순의 꽃말로도 당신을 대변할 수는 없습니다

울산에서 영천으로
영천에서 화천으로
다시 또 화천에서 동작동까지
청운의 푸른 꿈이 한 줌의 재가 되기까지

당신이 거침없이 걸어간 길
군더더기 하나 없는, 혁혁한 순백의 길
하지만 무엇이 당신을 그토록 젊은 나이에 순직하라 했나요

나 외에 다친 사람은 없느냐?

이 한 마디로 간단히 요약되는 당신,
당신은 대한민국의 자랑스러운 육군 소위였습니다

당신이 있어 5월은 더욱 맑고
당신이 있어 우리의 봄은 갈수록 화창합니다
당신이 있어 오늘도 신록 푸른 꽃길을 걸었습니다

>

오월의 꽃, 당신

당신과 함께 하지 못해도
당신이 있어 이 강산과 바다와 하늘은 더욱 푸르게 빛납니다

별꽃나라
저 수많은 별들 중에서 유난히 빛나는 꽃별 하나
동작동 서쪽 6번 묘역, 군번 500243 앞에서
머리 숙여 당신을 생각합니다

그리고 나직이 당신의 이름을 불러봅니다

불굴의 용기를 가진 당신
날이 갈수록 텅 빈 우리의 외롭고 쓸쓸한 가슴을 달래주소서
이 미약한 조국을 지켜주소서

님이여, 영원불멸하소서!

4부

기사문 엽서

기사문 꽃새우

희영호 갑판 위
빠른 템포의 음악이 흐르고
아름답고 푸른 도나우가 흐르고
선율 따라 가볍게 뛰어오르는 이사도라 덩컨

혈소판 감소증도 잊어버리고
울긋불긋
너무도 아름다워 서러운 곳에서 동백이 피어나듯

피는 꽃, 꽃 한 송이

카페 양양

바다가 술잔에 담기는 곳, 그리움도 담긴다
해도 술잔 속에서 떠오르고
술이 붉게 물드는 곳,
투명 유리 술잔 속 그대도 붉다
떠오르는 것은 모두 태양처럼 빛나 가슴이 부풀고
묵직한 산에 둘러싸여 사람들도 붉게 물든다
흐르는 것은 모두 흘러가게 내버려 두고
돌아오는 것들을 맞이한다
잃어버린 것들은 모두 잊어버리고
점점이 배들도 꿈처럼 흘러가는 선 라이즈 선 셋,
한 잔의 칵테일 속으로 내가 잠긴다
물결치는 술잔 속에서 바다는 고이 잠든다

기사문 해변

백사장, 등이 굽었다

서퍼들은 햇살에 검정깨처럼 털려나간다

물결이 달려와 가슴에 안기자 해변은 환하게 젖는다

윤기 없는 모래도 처음에는 매끈한 바위였을 것이다
섬을 출산해 놓고
거친 파도를 다독이다 보니 잘게 부서졌을 것이다

채워도
채워지지 않는 가슴처럼 몸부림치며
한 점 남김없이 하얗게 눈물을 거두어 갔을 것이다

햇볕에 그을리며
때로는 거칠게 때로는 아늑하게

내게도
물기를 빨아들이는 숨소리가 들리는 것이다

해질녘 해변은 더욱 촉촉이 젖는다

성동호

추석이 가까워 오고 있는 날이었다
일기예보는 날마다 조금씩 어긋났다
어제 쳐 놓은 그물에 해초만 가득 올라왔다
윤 여사는 공사판 컨베이어 벨트에 낀 나무에 맞아 입원해 있는
맏이 병구완에 매달려 정신이 없고
해녀 동생이 하루 종일 해초를 벗겨냈다
갑판에 앉아있던 갈매기는 끝내 날아가지 않았다
최 선장은 해초 쓰레기를 적재함 가득 두 번이나 경운기로 실
어 날랐다
깊이 팬 주름이 너울거리는 바다
파도는 거칠게 일고 나는 그물 일에 서툴렀고
고라니는 밤새 산중턱에서 울었다
달은 대낮처럼 밝았다

해변 월세방

벽속에 새가 있다

누군가 종이컵으로 막아놓은 구멍에서
새벽마다 소리가 들린다

새는 종이컵을 부리로 쪼며 소리를 높이고
나는 그 소리에 깬다

스스로 벽을 가진 새

바다에는 창이 없었고 내 속의 새는 울지 않았다
새장 문을 열어놓았지만 새는 어리둥절 한참 후에야 낮게 날아갔다
새장에서 새는 지워지고 내 안에 새 한 마리 들어왔다

생각이 물결인 양 부풀어 오르는데
갑자기 벽이 조용하다

가만히 귀 기울이자
천진난만하게 몇 마디 속삭여주는

깊고 깊은 먼
북명北溟의 파도 소리

새는 나더러 깨어있으라 한다
언제나 깨어있으라 한다

스스로 벽을 가진
그와의 더부살이가 즐겁기만 하다

기사문 엽서

더 이상 도시에서는 할 일이 없었습니다

시멘트벽에는 틈이 생기기 시작했고 그 틈으로
물결이 밀려들어 왔습니다
지붕은 우주로 통해 있었습니다

금이 간 창문이
던스턴 바실리카 스테인드글라스처럼 황홀했습니다만

방바닥은 백사장이 되고
밤마다 파도를 덮고 자는 습관이 버릇처럼 생겨났습니다
병이 깊어 기침마저도 밖으로 솟구치지 않았습니다

그러나 도시에서
당신을 만난 것은 가장 큰 행운이었습니다

다음에 오실 때는 배를 타고 오십시오
생각만큼이나 수심도 깊어 북명의 바다처럼 검을 것입니다

험한 길을 헤치며 오다보면

당신도 곧,
나보다 더 깊은 바다가 될까 염려됩니다만
오기 전에 문자 한 통 넣어 주십시오

이곳도
사람 사는 데라는 것을 소상히 알려 드리겠습니다

기사문 외항

지퍼를 열듯
이른 새벽 어선 하나, 바다를 가르며 간다

밤사이 바다는 부풀어 향유고래 등처럼 불룩하다

배가 지나간 자리마다 하얀 꽃밭이다

미처 열리지 않은 바다의 내부,
이제 서서히 연붉은 색조 화장중이다

배는 소실점이 되어가고
물보라 거품꽃이 사그라지고 이랑이 넓어진다

저 길로 가면 용궁이 있다는 것을 사람들은 알까

지퍼의 끝이 전설에 닿아 있다는 것은 또 얼마나 다행인지

풀어 젖혀진 바다의 내부, 성찬이 되어 떠오른다

햇살이 옴시레기 보듬고 있다

겨울 기사문

깨를 털듯
파도는 키처럼 오르내리고
쭉정이들이 털려나가고
서퍼들은 흩어지고
까부를수록 알맹이만 남는 정제된 그늘

누군가를 위해 바람은 불고 물결은 일어
배마저 돌아오는데
서퍼들은 물결에 몸을 던지네

부챗살처럼 퍼져나가 알알이 떠있는 까만 추억
방파제 끝에 서면
사라진 것은 노을만이 아니네

임 선장의 무위 바다

어둠 속 바다는 학당이다

팽팽한 줄을 당기면
추사가 내리긋는 한 획처럼
힘차게 올라오는 어둠 속 통발은
있는 듯 없고 없는 듯이 있는 여백으로 채워져 있지만
언뜻언뜻 비치는 문어는 정좌를 하고 올라온다

이때, 임 선장은 각별히 신중하다

드문드문 앉아 있어 여유로운 희영호 수조 안
자세히 보면
정지된 듯 보이나 실은, 움직이고 있고
하는 것이 없으면서도 하지 않는 것이 없는
묵향 그윽한 실내

치우친 듯 보이나 실은, 원만한 것이며
소극적인 것 같으면서도 실은, 적극적인 것이어서
보기만 해도 의연하다

>

먹물을 풀어놓은 듯 캄캄한 새벽 바다

수면 위로 자유롭게
몇 겹의 두루마리가 뭍으로 흘러가고
생각은 깊어지고

수평선 먼 곳에 금빛 방점 하나 찍힐 무렵
나는 학당에서 밀려오는 장문의 추사체를 읽는다

뚝지

가슴에 있는 동그란 빨판, 저것은 분화구다
유난히 하얀 그 속,
켜켜이 쌓인 주름도 보인다

성동호가 걷어 올린 둥글고 검은 덩어리

무중력으로 떠 있는 듯하다가
세찬 물살에 기우뚱거리다가
수조 바닥이거나
투명 유리벽이거나
고무 대야 어느 곳에 달라붙어도
가부좌 틀고 앉은 수도승처럼 편안하다

멍텅구리라 불리면 어떻고
심퉁이라 한들 무슨 상관있겠는가

저 힘으로 바위를 잡고 한평생 버텨왔을 것이다
활화산처럼 살고자 했을 것이다

속이 터져 생긴 상처의 흔적일지라도

무언가를 힘주어 잡을 수 있다는 것은 좋은 일
가슴에 분화구 하나쯤은 가져도 좋을 일

삶의 끈, 놓치지 않는다면

바다로 간 테무친

통발어선 희영호가 깃발을 펄럭이며 부두로 들어올 때 나는 초원을 생각한다 바다에는 뽀얗게 물보라가 일고 말 한 마리 달려오고 어디선가 뿔피리 소리가 난다 기골이 장대한 임 선장, 잔진 말가이를 눌러쓰고 가빠를 입고 말고삐를 움켜잡은 모습으로 의기양양하다 부두는 이미 말들로 북적인다

손 크기가 내 손의 세 배는 족히 되는 임 선장, 내가 두 손으로 들 수 없는 발전기를 한 손으로 가볍게 드는 힘으로 문어들을 수조에서 걷어 올린다 어눌한 동북 방언이 말 울음소리에 묻혀들 때마다 머리가 반들반들한 문어들이 그물망에 포획된 채 올라온다 나는 파수병처럼 희영호 주변을 어슬렁거린다

모래바람이 어판장을 한 번 휩쓸고 지나가면 요즘 문어 시세가 좋다며 입꼬리가 한껏 올라간 엄 여사, 무슨 밥을 혼자 먹느냐며 끼니때마다 막사로 초대한다 막무가내로 불러대는 소리지만 여자의 말은 무조건 들어야 하는 초원에서 나는 말석에 앉아 새벽 전황을 청취한다

소주 몇 병은 그저 조반 반주일 뿐, 임 선장의 전장은 단순하다 복잡하지가 않다

카르마

이른 새벽
누군가 문을 두드리는 듯한 소리에 나가보니
오색딱따구리가 줄기를 타고 오르내리며 나무를 쪼고 있다

말쑥한 차림새
검은색 바탕에 흰색 무늬, 붉은 색도 보인다

소리는 점점 높아가고
그러나 아무리 두드려도 열리지 않는 문

새의 귀가는 여의치 않다

사랑의 무게

집을 덮칠 수 있다는 말에
뒷산 기슭 참나무 한 그루 베었다
밑동을 자르고 보니 오십년은 족히 넘었다

땅벌들이 잉잉대고 개미들이 쏟아져 나왔다
미물들의 삶도 사랑하면서 살아보고자 했으나
나는 늘 생각만으로 그쳤다

토막 내서 화목 더미에 쟁이는데
아로마 향이 짙게 밀려왔다

눈물이었다
강물 같은 눈물이었다

지워버리려 했지만
이미 처서가 지났는데도 몸이 달아오르고
땀이 쏟아지고
생각뿐인 사랑이 내 가슴을 누르고 있었다

물기를 버릴 것이다
거짓이라도 좋구나, 가볍게 타오를 것이다

알밤을 주우며

가시의 울타리를 가진
그 단단하다는 집의 문을 열고 나온 밤 한 톨 옥광,
꽃의 기억을 가진 눈빛은 성숙하다
푹신푹신한 풀 위에 누워 빛나는 짙은 갈색의 몸,
웃는다
탱글탱글한 뒤태가 닮았다

벌나무

경계측량이 끝나면
꼭지점마다 벌나무를 심을까 한다

볼품없이 제멋대로 자라 밋밋한
벌에게만 특화되었다는 나무

산겨릅나무라는 학명에
산청목이라는 어엿한 이름까지 내걸고 있지만
향기는 없다

그러나 어디선가 벌들이 모여들어
시골장터를 방불케 하는 저 의연함,
아침마다 볼까 한다

산중 VIP

저녁 어스름 어디에서 왔는지
산왕거미 한 마리 출입문 앞에 집 한 채 짓고 있다
크기가 보통 큰 게 아니라서
그의 작업을 유심히 지켜보는데
갑자기 집이 출렁거린다
잽싸게 달려가는 곳을 따라가 보니
학질모기 한 마리 출입을 시도하다 걸려들었다

그러고 보니
곳곳에 이미 둥글게 말아놓은 매듭 몇 개가 보인다

둘둘 말아놓고 지체 없이 제자리로 돌아가 자세를 취하는
저 눈빛, 삼엄하다

경계를 버린다

가오리

어판장 옆
시멘트 기둥에 매달린 가오리가 웃는다
해풍에 흔들리며 피골이 상접한 가오리가 웃는다

도시락은커녕
준비물이라고는 가져오지 않던
그렇다고 점심시간에 밖에 나가지도 않고
고추장만 든 도시락을 흔들어 비벼 나눠줘도 먹지 않고
우두커니 마냥 앉아 웃기만 하던

집도 없이
기울어진 시멘트 기둥에 걸쳐진 거적으로 드나들던
놀림을 당해도
매를 맞아도
온종일 말없이 웃기만 하던 내 짝처럼 웃는다

보이는 부분보다 보이지 않은 부분이 더 많은
바다 같은 저, 미소
돌아보니 빛이다

언뜻 부처를 닮아있다

기분 좋은 날

이른 아침 맛있는 찌개를 끓여놓았다고 빨리 내려오라는 엄여사의 전화를 받고 산길을 내려오는데 살찐 고라니 두 마리 나타나 서로 뒹굴며 장난치며 달려온다 흠칫 놀라 멈추자 껑충거리며 서로 희롱하며 산기슭 너머로 사라졌다 배가 부른 것을 보니 새끼를 밴 것 같아 보였다 그들이 사라진 능선에서 오색딱따구리 문을 두드리고 실바람이 불어오고 머나먼 송네 피오르 냄새가 풍겨왔다

먼 데 사람이 소식을 전해왔다

해설

생성이면서 소멸인 삶의 접점과 욕망

김병호 시인 · 협성대 교수

생성이면서 소멸인 삶의 접점과 욕망

김병호 시인 · 협성대 교수

서정시에 능한 시인들은 대체로 사물의 표면보다는, 사물 안에 퇴적되어 있는 시간과 지층의 이면에 집중한다. 그들은 실재적인 모습의 편린 속에서 기억의 지층에 아득히 묻혀 있는 존재를 복원하고 이를 개진하는 것이 서정 시인의 직무라고 스스로 믿는다. 이명 시인은 시가 마치 자기 생의 형식인듯, 오래된 시간의 축적에 의해 형성되고 유지되고 확산되어가는 어떤 것들을 자신의 현재형으로 삼는다. 그리고 오랜 축적과 빛나는 한 순간의 결합을 절묘하게 포착해 낸다. 그는 시적 대상을 시간화하는 특유의 관성과 시선을 가지고 있다. 따라서 이명 시인의 다섯 번째 시집『텃골에 와서』의 작품들을 읽으면서 시인이 세계를 응시하고 그것들을 의미화하는 기본 질서가 무엇인지를 살펴보는 것도 유의미한 작업이 될 것이다.

시집『텃골에 와서』는 도시의 일상성에 대한 비판적 기준을 '텃골'과 '동해바다'로 비유되는 자연의 시간 속에서 찾고, 자신의 체험적 자연 세계를 투명한 시각으로 보여주고 있다. 단순히 자연을 노래하는 구태의연한 안빈낙도의 자세가 아니라 자연을 살피는 인식 주체의 위치와 삶의 방식에 대해 치열한 반성적 태도를 엿보여 준다. 사물과 일상에 감추어져 있는 삶의 의미를 찾아내는 시인의 그윽한 음성은 그동안 우리 시가 잊었던 서정의 목소리이며, 시인은 기억의 노래를 되살리는 귀한 의미를 생래적으로 알고 있는 듯 싶다. 그의 음성에는 오랜 시간의 퇴적과 함께 끊임없이 갈구하는 근원에의 투시 욕망이 녹아 있다. 자신이 지나온 시간과 소멸해가는 사물의 이치에 대한 탐구를 거두지 않고, 그 속에 은폐된 삶의 존재 방식을 꿰뚫고자 하는 시인의 투시 욕망은, 시인의 시가 시작되고 결국은 시가 가닿는 마지막 자리가 된다.

풍부한 서사를 내장하고 있을 법하지만 허투루 많은 이야기를 들려주는 대신, 그저 무심하게 흐른 시간을 사물에 채색하는 방식이 그만의 시적 미덕이라고 할 수 있다. 시인의 삶은 온종일 태극기가 펄럭이는, 험한 바다를 앞에 놓고 살아가는 텃골 사람들에 대한 애정과 텃골을 배후로 삼는다. 그런 그의 삶은, 원초적 총체성이 여러 군데 균열되어 있음에도 불구하고 시인 특유의 건조한 통찰을 통해 나르시시즘이라는 치명적 자기 중심성을 벗어나 있다. 시인은 "늘 쓰임새 있기를 기대했으나/ 여름이 가고/ 또 가을이 가고/ 선택되기 위해 몸부림쳤던 날들도 다 보내고/ 한계령 너머 계절의 끝자락에 와"(「텃골에 와서」), "혁명을 꿈꾸며 방황하던 사춘기 시절/ 삶은 또 왜 그리 난해했는지"(「깻묵」)를 되돌아보고, "세상의 그늘을 분별하지 못하지만/ 하도 산중의 소리가 궁금해"(「밭의 진화」) 생긴 귀를 발견하고 "말귀도 밝아지는 걸" 깨닫게 된다. 즉 시인에게 '지금'은 오랜 시간의 흐름이 온축되어 있는 충만한 현재형이다. 시는 이명 시인의 삶에서 어떤 완성된 형태를 상정하는 개념이 아니라, 늘 자기 반성적 문맥 속에서 스스로를 소진해 가고, 그 방향을 가늠하는 과정의 어떤 것을 변증하고 있는 삶의 또다른 형식이다.

기골이 장대한
문어 잡이 통발어선 임 선장이
젊은 시절 하조대 해수욕장에서 장사할 때 사용했다는 등燈

20여 년 동안 창고에 고이 간직해 온 진공관 등을
산중턱 외딴집 앞마당에 세워두고 갔다
온종일 땀 흘리며 돛대처럼 세워놓고 내려갔다

산중턱은 외로운 곳이라고
등 근처에서 매미는 쩌렁쩌렁 울고 잠자리가 떼로 날았다
새들이 지저귀고 채송화가 만발했다

어둠으로 들어갈수록 어둠이 밝아지듯이
지난날을 반추하며 고개 숙인 등

한때는 길이었을 빛을 돛대 끝에 매달고
밤에는 등도 배가 되어 솟는다

전생을 짚어주던 늙은 선사의 눈빛같이, 등대같이
어둠을 지우며 나아가는 배

대륙을 지나고 사막을 지나고
뽀얀 흙먼지를 날리며 말들이 달려가고 풍랑이 일고

밤하늘은 문득
가스통 바슐라르처럼 깊다

몰두할수록 환한 바다
은하銀河를 건너 가물가물 등은 계속 항해 중이다

—「임스 램프Lim's lamp」 전문

이명 시인의 작품들은 새로운 시대의 가치를 발견하고 인식하거나 혹은 가치의 불확실성, 사회와 개인 간의 간극을 인식하면서 세계를 부정적으로 인식하는 예리한 비판적 태도와는 다소 거리가 있다. 자신의 실존적 정당성을 공룡과 같은 후기 자본주의 사회의 문화 안에서 찾으려 하지 않는다. 시인은 삶의 새로운 질서를 수립하고 삶의 역동성을 그려내기 보다는 오히려 간과했던 고답적 삶의 자세, 혹은 삶의 지혜에 집중하고 있다. 합리화와 생산성을 표방한 경제, 사회, 문화의 급속한 변화보다는, 정신의 황폐함 속에서 정신의 공동화를 대체해 줄 거처를 마련하는데 몰두한다. '동해 바다'나 '텃골' '기사문'이 그렇다. 시인은 동시에 구체적 삶을 지배하는 풍경 안에서 다다를 수 없는 시원始原에 대한 동경을 형식화의 원리로 삼는다. 시인에게 동경은 그 자체가 행복이며 비극일 수도 있지만, 결과적으로는 시대와 자신의 구체적 삶을 지배하는 양태를 지닐 수밖에 없기 때문에 시인에게 동경은 운명과 같다.

"은하銀河를 건너 가물가물 등은 계속 항해"해 갈 때, 등은 단순한 불빛이 아니라, 화자 자신이다. 산중턱 외딴집에 있지만, "한때는 길이었을 빛을 돛대 끝에 매달고" "대륙을 지나고 사막을 지나"며 항해를 멈추지 않는다. 삶의 현장과 전면적으로 대결하기보다는, 현실적 문맥에서 떨어진 자리에서 관조적 태도를 취한 것이라는 비판의 여지도 있을 수 있다. 그러나 화자가 보여주는 경지는 단순한 회피의 것이 아니라 오히려 초월의 내용으로 보는 것이 적절하다. 치유해야 할 대상, 위로받아야 할 삶이 도처에 존재할 때, 화자의 내면 속에 구심적으로 고착된 동경의 세계를 찾아나서는 것은 현실에 대한 무관심이 아니라 현실과 세계에 적극적으로 개입하면서 상처받은 자아를 치유하고 회복하고자 하는 여정이다.

"문어 잡이 통발어선 임 선장이" 가져온 진공관이 "20여 년 동안 창고에 고이 간직"되어 있었다는 진술은 단순히 진공관 등에 대한 설명이 아니다. 화자는 20여 년의 세월동안 자신의 빛을 내지 못했던 자신과 감정적 연대를 시도한다. "어둠으로 들어갈수록 어둠이 밝아지듯이/ 지난날을 반추하며 고개 숙인 등"은 화자가 자신의 맨얼굴을 들여다보고, 정체성을 확인하고, 그동안의 삶의 여로를 되돌아보면서, 반성을 통해 다시금 무엇을 이루거나 어디로 향해야 하는지를 스스로에게 묻는다. 즉 존재적

물음과 의미적 지향이다. 이를 뒷받침해주는 것이 여덟 번째 연이다. "밤하늘은 문득/ 가스통 바슐라르처럼 깊다." 가스통 바슐라르가 비유하는 세계가 바로 화자가 가닿고자 하는 동경의 세계이며, 생성이면서 소멸인 접점이다. 삶에 대해 매순간 스스로에게 확인하고, 자신의 존재 방식에 대해 끊임없이 질문하는, 닿을 수 없는 그리움의 세계, 이러한 거리감이 이명 시의 존재 이유이면서 또다른 가치라고 보여진다.

나는 벌레다
왜 이 산중에 와 있느냐고 묻지 마라
와서 보니 벌레들이 많더라

동쪽, 비늘 있는 벌레와
서쪽, 날개 있는 벌레와
남쪽, 털 있는 벌레와
북쪽, 껍질 있는 벌레와
중앙에는 털이 없는 벌레

들여다보면 볼수록 신기하더라
꿋꿋이 자기 할 일만 하는
생각이 깊을수록 행동은 신중하더라
힘을 과시할 일도 없이
나는 중앙에서 저들을 방해하지 않으려고 조용히 지내고 있다

왜 이 외딴 곳에 와 있느냐고 묻지 마라
무심코 풀숲을 기어가던 민달팽이를 만났다
저도 놀란 듯 오랫동안 생각에 잠긴 것 같았다
긴 시간 동안의 생각 끝에 가던 길을 씩씩하게 가더라
마음을 비운지 오래인 것 같았다

어느 것 하나 두려움이 없는 것이 좋았다
사이좋게 지내는 것이 부러웠다
무엇엔가 골몰할 때는 그지없이 적막하지만
처녀들의 환생인지
무슨 신바람이 났는지
날아다니는 것들의 수다스러움에 나도 생각이 깊어졌다

생각한다는 것이 얼마나 즐거운 지
여기서는 날개 없이도 날아다닐 수 있겠더라

무덤은 고향이더라

저들이 누군가의 환생인 걸 알았다
나의 후생이라는 것도 알았다

—「벌레 사숙」 전문

시적 주체가 작품 안에서 자신을 스스로 정립해 간다는 것은 어떤 철학적 의미보다는 현대의 삶에서 느끼는 고립감, 소외의

식, 혹은 '지금, 여기'에 존재하는 것에 대한 혼란, 균열과 함몰에 대한 불안에 가깝다. 시는 본질적으로 몸과 정신, 욕망과 규범, 나와 세계 사이의 발생하는 불일치를 가장 예민하게 수용하는 방식으로 존재를 증명하기 때문에 더욱 그렇다.

궁극적으로 시적 주체를 세계의 중심으로 상정하는 서정 양식에서 시인이 추구하는 내면적 초월은 어디에 가닿는 것일까? 현실의 세계에서 의미 있는 가치가 부재하는 것을 깨달은 주체가 삶을 견디는 방식에는 일반적으로 두 가지가 있다. 하나는 철저한 외면과 무관심이고 다른 하나는 내적인 초월과 자기 극복에 대한 노력이다. 하지만 이명 시인은 이 두 가지 방식 모두를 탐색하고 있다. 화자는 "왜 이 산중에 와 있느냐고 묻지 마라"며 '벌레'와 '민달팽이'의 생존 방식을 통해 자기 삶에 대한 깊은 성찰을 모색한다. "힘을 과시할 일도 없이" "꿋꿋이 자기 할 일만 하는/ 생각이 깊을수록 행동은 신중"한 벌레의 모습은 화자의 이전 삶을 반증하는 풍경이 된다. 권력(힘)의 치열함 속에서, 자신의 의지대로 자신의 삶을 전개한다는 것이 그리 호락호락한 일이 아니고, 그럴수록 삶의 방식과 행동은 신중하기보다는 허둥지둥 가벼워질 수밖에 없었을 것이다. 화자는 벌레의 모습을 통해 그동안 사회적 관계 양식 속에 길들여져있던 자기 삶에 대한 반성하고, 자신의 내면을 타자화하고, 타자화된 존재를 통해 더욱 깊은 자기 이해의 길을 시도하고 있다. 이는 "긴 시간 동안의 생각 끝에 가던 길을 씩씩하게" 가는, "마음을 비운지 오래인 것 같"은 '민달팽이'를 바라보는 화자의 시선에서도 충분히 느껴진다.

그런데 화자의 시선은 이쯤에서 그치지 않고, 고향을 '무덤'으로 인식하는 데까지 가닿게 된다. 세상을 벗어나 산중 고향으로 돌아온 화자는, 욕망은 어떤 대상이나 타자가 아니라 욕망하는 행위 자체임을 이미 깨닫고 있다. 세상의 욕망이 인간을 점점 더 깊은 좌절과 고립감 속에서 헤어나지 못하게 했던 것임을 깨닫고, 두려움 없이 서로 사이좋게 공생하는 벌레들이 자신의 후생이라 믿고 싶어한다. 주체의 환멸과 무력감에서 벗어나 자기 안의 자신을 통해 이 세계로부터 벗어나기를 희망하는 화자의 은밀한 욕망은 화자에게 삶의 유일한 대안처럼 보이기도 한다.

천수만 하늘은 바다다
하늘 가득 물결이 밀려온다
북쪽에서부터 질서정연하게 밀려오던 물결은
천수만 하늘에서 부서져 노을파도가 된다
붉게 채색된 한 폭의 풍경화
어둠이 내리면 어둠 속에서
물결은 그리움처럼 낱낱이 뭍으로 내려오고
자석마냥 나를 흡입해 간다
혹한은 더욱 멀고 아득한 것이어서
물결은 시베리아로부터 흘러들어오는 것인데
물결 되어 떠난 사람 물결 따라 돌아오고
짙어가는 어둠 속에서
나는 그 사람을 생각하는 것이다
하늘도 바다라서 저녁에는 붉어지고

나는 물결을 타고 자작나무 숲으로 떠난
한 사람을 생각하는 것이다
그 바다에서
나는 물결이 되고 어둠이 되는 것이다

—「가창오리 떼」 전문

시집 전반에서 시인은 외로움을 언어의 깊은 심연으로 이르게 하는 아름다움을 보여준다. 시라는 미학적 장치에 대한 전략적 고려가 아니라 시인으로 사는 것이 무엇인가라는 질문에 대한 자각이고, 누군가를 그리워하는 인간의 생래적 본능에 가까운 것이다. 시인은 해질녘 밤하늘의 풍경 속에서 "그 사람"에 대한 이미지와 기억들을 통해 스스로 고독한 존재가 되기도 하고, 선험적 상실로 시를 더욱 풍요롭게 만들어내기도 한다.

「가창오리 떼」에서 화자가 현재의 시간 속에서 재생시키고자 하는 대상은 "물결 되어 떠난 사람"이다. 그래서 "천수만 하늘은 바다다"라는 화자의 인식이 자연스럽게 여겨지기도 한다. 이제는 사라지고 말았다는 비감悲感은 부재라는 비극, 그리움의 감정으로 이어지고, 화자는 이러한 기억과 부재의 간극을 메우기 위해 인위적인 통로를 만들어야만 했다. 바로 '바다'다. 화자는 "어둠이 내리면 어둠 속에서/ 물결은 그리움처럼 낱낱이 뭍으로 내려오고/ 자석마냥 나를 흡입해 간다"고 고백한다. 불가항력의 마력이다. 자기 존재를 넘어선 존재를 지향한다는 것은 단순히 물리적 실재에 대한 갈망이나 욕망이 아니다. 자신의 현존성에 대한 의미를 부여하는 하나의 전략일 수도 있다. 화자가 "물결이 되고 어둠이 되”고자 하는 것은 여기에 존재하지 않는 ‘그 사람’에 대한 간절함이며, 끊임없이 그가 있는 ‘저편’을 향한 시선을 드러내는 것이다.

“붉게 채색된 한 폭의 풍경화”는 철저하게 현재의 시간을 유폐적 공간으로 치환하고자 하는 화자의 욕망이 반영된 프레임이다. 그 닫힌 공간 곳에서 화자는 더욱 극명하게 부재를 실감하며, 나아가 그에게 다다를 수 있는 장치를 마련한다. 따라서 “물결 되어 떠난 사람”이라는 부재는 지금 여기에 없다는 의미를 넘어, 현존의 의미와 가치를 배가하는 개념이라고 할 수 있다. 즉 화자가 여기에 있다는 현존성과 그를 그리워하고 있다는 현재적 가치의 의미를 정교하게 구축하게 된다. 화자가 부재의 ‘그 사람’을 생각하고 그에게 가닿으려는 행위는 실존의 의미 또한 존재하고 있음을 부인하지 않는다. 다만 자신의 의지보다는 “자석마냥” 화자를 “흡입해”가는 철저한 그리움의 깊이를 차마 말하지 못한다. 그래서 그저 “어둠이 되는 것이다.”

> 집을 덮칠 수 있다는 말에
> 뒷산 기슭 참나무 한 그루 베었다
> 밑동을 자르고 보니 오십년은 족히 넘었다
>
> 땅벌들이 잉잉대고 개미들이 쏟아져 나왔다
> 미물들의 삶도 사랑하면서 살아보고자 했으나
> 나는 늘 생각만으로 그쳤다

토막 내서 화목 더미에 쟁이는데
아로마 향이 짙게 밀려왔다

눈물이었다
강물 같은 눈물이었다

지워버리려 했지만
이미 처서가 지났는데도 몸이 달아오르고
땀이 쏟아지고
생각뿐인 사랑이 내 가슴을 누르고 있었다

물기를 버릴 것이다
거짓이라도 좋구나, 가볍게 타오를 것이다

—「사랑의 무게」 전문

시인은 빈 자리에 대한 응시를 멈추지 않는다. 시집 곳곳에서 그리움의 정서가 묻어나는 것도 이런 연유에서다. 위 작품에서 화자는 "생각뿐인 사랑"에 애절해한다. 이것은 단순히 그리움이나 외로움을 표상한 것은 아니다. "지워버리려 했지만" 지워지지 않는 사랑을 바라보는 자기 시선과 자기 인식이 수반되어 있다. 시인은 '사랑의 무게'를 혹은 그에 대한 감정을 사물을 통해 형상화하는 솜씨가 만만치 않다. 감정을 내면화하면서 매우 적절하게 이미지화하는데 성공하고 있기 때문에 그의 시가 더 큰 매혹으로 발휘되는 것이다.

"토막 내서 화목 더미에 쟁이는데/ 아로마 향이 짙게 밀려왔다." '아로마 향'은 화자의 심리적 대타 의식이 반영된 사랑의 또 다른 관성이다. 상실한 사랑에 대한 애틋함은 "강물 같은 눈물"로 전이되고 종국에는 "거짓이라도 좋구나, 가볍게 타오를 것이다"라는 진술에까지 이르게 된다. 화목이 되어 태워지려면 습기를 제거하고 건조해져야 하는데, 화자는 기꺼이 눈물을 버릴 것이라고 한다. 스스로도 자신의 말이, 결코 이루질 수 없는 거짓임을 알지만, 이러한 거짓 고백을 통해 내면의 갈등 깊이를 보여준다. 이는 자기 응시의 정직성에서 비롯된 태도로서 서정의 본질에 육박하는 성찰의 힘을 지니게 된다. 화자가 지향하는 사랑과 삶의 자세는 전일적으로 지배하는 현실이나 사랑의 기존의 가치에 대한 맹목적 반향이 아니라, 자유 의지를 통해 주체의 내면을 가장 투명하게 보여주려는 자세에 시적 가치가 있음을 보여주는 단면이라고 할 수 있다.

뒷산 기슭의 참나무 한 그루를 베어내면서, "미물들의 삶도 사랑하면서 살아"보려 했던 화자의 의지를 다시 되돌아보는 태도는 결국, 자신이 바라보는 대상, 혹은 세계와 자신을 일치시키는 서정의 본래성을 회복하는 지점이며, 더불어 이명 시인의 시가 시작되는 곳이라고 할 수 있다.

벽속에 새가 있다

누군가 종이컵으로 막아놓은 구멍에서
새벽마다 소리가 들린다

새는 종이컵을 부리로 쪼며 소리를 높이고
나는 그 소리에 깬다

스스로 벽을 가진 새

바다에는 창이 없었고 내 속의 새는 울지 않았다
새장 문을 열어놓았지만 새는 어리둥절 한참 후에야 낮게 날아갔다
새장에서 새는 지워지고 내 안에 새 한 마리 들어왔다

생각이 물결인 양 부풀어 오르는데
갑자기 벽이 조용하다

가만히 귀 기울이자
천진난만하게 몇 마디 속삭여주는
깊고 깊은 먼
북명北溟의 파도 소리

새는 나더러 깨어있으라 한다
언제나 깨어있으라 한다

스스로 벽을 가진
그와의 더부살이가 즐겁기만 하다

—「해변 월세방」 전문

시를 통해 드러나는 시인의 자기 인식에는, 시를 쓴 자기 자신에 대한 이해와 함께 스스로를 넘어선 그 무엇에 대한 인식이 포함되어 있다. 자신과 자신을 넘어선 존재에 대한 인식은 언제나 삶의 전 과정을 통해 지속적으로 이루어지며, 자신의 경계 밖을 향한 심정적 열망은 시인의 또다른 욕망이기도 하다. 자신을 넘어서 존재를 지향한다는 것이 항상 물리적 실재에 대한 갈망이나 규범적 질서 세계에 대한 도전, 혹은 위반의 욕망을 지시하는 것은 아니다.

벽속에 갇힌 새, 새벽마다 구멍 안에서 자신의 존재를 알리고 그곳에서 나오기 위해 "종이컵을 부리로 쪼"던 새는, 화자의 현존성에 대한 의미를 부여 가능하게 하는 매개이다. 화자는 자신의 외부에 존재하거나, 혹은 내부 깊숙히 존재하기 때문에 가닿을 수 없는 시원에 대한 시선을 구체화한다. 앞서 읽은「임스 램프Lim's lamp」에서와 마찬가지로 끊임없이 '지금 여기'의 의미를 모색하고 자기 존재를 탐색하려는 욕망이 가득하다. 결국 "새장에서 새는 지워지고" 벽안에 갇혔던 새는 화자 안으로 들어오게 된다. 실존의 공간이 이동하게 된 것이다. 화자와 새는, 세계와 자아의 일체감을 형성하며 내성적 자기 인식의 깊이를 확보한다. "새는 나더러 깨어있으라 한다/ 언제나 깨어있으라 한다"는 화자의 전언은 그가 의식하고 지향하는 세계가 이미 그 안에 농축되어 있음을 의미한다. 화자가 오래도록 그리고 지속적으로 집착하고 매달리는 의미적 상징인 "벽을 가진 새"는 자신의 생이 진행되는 순간 조우한 대상들의 여러 존재 형식에 대해 용납하고 승인하고 이를 열려 있는 자세로 보여주려는 데에 있다. "스스로 벽을 가진" 그가 화자의 또다른 자아이기 때문이다.

가슴에 있는 동그란 빨판, 저것은 분화구다
유난히 하얀 그 속,
켜켜이 쌓인 주름도 보인다

성동호가 건어 올린 둥글고 검은 덩어리

무중력으로 떠 있는 듯하다가
세찬 물살에 기우뚱거리다가
수조 바닥이거나
투명 유리벽이거나
고무 대야 어느 곳에 달라붙어도
가부좌 틀고 앉은 수도승처럼 편안하다

멍텅구리라 불리면 어떻고
심통이라 한들 무슨 상관있겠는가

저 힘으로 바위를 잡고 한평생 버텨왔을 것이다
활화산처럼 살고자 했을 것이다

속이 터져 생긴 상처의 흔적일지라도
무언가를 힘주어 잡을 수 있다는 것은 좋은 일

가슴에 분화구 하나쯤은 가져도 좋을 일

삶의 끈, 놓치지 않는다면

—「뚝지」 전문

이명 시인의 특징 중 하나는 자신의 내면을 반추하는 동기를, 작고 사소한 것들로부터 부여받는 데에 있다. 풀벌레, 잠자리, 딱따구리, 깻묵, 장작, 고추모종, 애벌레, 사슴벌레, 왕파리, 생강나무, 멍게 등 대상을 바라보면서 그것들을 자기 삶의 원리로 환치하고자 하는 태도가 두드러진다. 이는 서정의 일반적 원리이기도 하지만 이명 시인에게는 더욱 돋보인다. 위 작품에서 화자가 생각하는 스스로의 삶은 부유하는 것이다. "무중력으로 떠 있는 듯하"기도 하고, "세찬 물살에 기우뚱거리"기도 하는 것이 화자가 바라보는 자신의 삶이다. 어쩌면 이런 모습은 실체가 아니라 관념의 표상이며, 단지 그가 놓여 있는 환경을 전면적으로 의미하는 것에 불과할 수도 있다. 그러나 화자는 '뚝지'라는 구체적 실물을 등장시킨다. 자신의 삶이 가진 두 가지 층위에서 체험의 영역을 확보하고 관념과 추상에서 벗어나려는 의도 때문이다.

화자는 "멍텅구리라 불리"고 "심퉁이라" 불리는 '뚝지'가, "가슴에 있는 동그란 빨판"을 가지고 "바위를 잡고 한평생 버텨왔을 것"을 상상한다. 그리고 화자 역시 "활화산처럼 살고자" 했음을 감추지 않는다. "삶의 끈"을 놓지 않겠다는 의지도 밝힌다. 그런데 화자는 뚝지에게 켜켜이 주름이 쌓인 빨판이 있듯, "속이 터져 생긴 상처의 흔적"이 자신에게는 빨판이자 분화구라고 진술한다. 화자가 처해있는 삶의 현재와 그가 추구하고 있는 정향점을 동시에 보이면서 화자는 관념만으로의 초월이 아니라 타자로부터 이해되고 승인되고 싶은 욕망을 행간에 녹여놓는 것이다. 특히 화자는 "수조 바닥"이나 "투명 유리벽"이나 "고무 대야"와 같은 경험적 세계 속에 미학적 경험을 투과하여 세계와 주체의 대결을 보여주려 한다.

"무언가를 힘주어 잡을 수 있다는 것은 좋은 일"이라고만 진술하지, 독자에게 더 이상의 이해를 구하진 않는다. 이는 화자가, 세계에 놓인 간극을 인식하는 하나의 방법론이면서 근본적 본질을 환기시키는 전략이기도 하다. 우리는 이를 삶에 대한 궁극적 지향점, 소망적 의지 정도로 이야기할 수도 있겠지만 결국은 화자 자신의 존재론적 입지와 현재적 삶에 대한 각성의 표상이라고 할 수 있다. "가슴에 분화구 하나쯤" 갖는 일이 "가부좌 틀고 앉은 수도승처럼 편안"한 경지에까지 이를 수 있는 차원은 분명 화자의 치열한 자기 반성적 인식과 의지에 의해서만 도달할 수 있는 곳이기 때문이다.

이명 시인은 세상의 삶을, 작고 보잘 것 없는 그늘과 어둠에서 시작한다. 침묵하고 있다는 생각하던 것들의 숨은 소리와 그것들의 호흡을 온전히 찾아내고 존재의 방식을 새롭게 구현해 시로 옮겨낸다. 이때 시는 삶에 직접적 관계를 맺으며 시인이 본원적으로 닿고자 하는 세계로 시인을 인도하게 된다.

얼기설기 시인의 몇 작품을 함께 읽어본 바와 같이, 시인은 그

저 아름다웠던 지난날에 대한 감상적 추억이나 미래에 대한 막연한 희망을 노래하지 않는다. 그는 무심한 시간의 흐름과 그 안에서 서서히 소멸되어갈 수밖에 없는 것들, 그리고 소멸되어 가는 것들이 결국 다다를 수밖에 없는 그곳에 대한 쓸쓸한 예감을 시로서 노래한다. 시류에 편승하여, 사물의 존재형식을 개선하거나 그것들을 새로운 가치 체계로 이끌려는 기형적 모험을 하지도 않는다. 오직 그가 가까이 놓고, 매양 바라보고, 마음을 보태는, 대상들의 표면에서 새어나는 감각적 매혹에 그 누구보다 예민하게 반응하고 그 외형 이면에 존재하는 생의 또다른 형식을 투시하려는 시적 욕망을 가지고 있을 뿐이다. 이번 시집『텃골에 와서』는 이명 시인이 지닌 삶에 대한 의지와 생각과 태도, 그리고 시작법이 놀라운 일관성으로 나타난 귀한 성과라고 할 수 있겠다.

이 명 시집

텃골에 와서

발　　행 2017년 9월 15일
지 은 이 이　명
펴 낸 이 반송림
편집디자인 김지호
펴 낸 곳 도서출판 지혜
　　　　계간시전문지 애지
기획위원 반경환 이형권 황정산
주　　소 34624 대전광역시 동구 선화로 203-1, 2층 도서출판 지혜 (삼성동)
전　　화 042-625-1140
팩　　스 042-627-1140
전자우편 ejisarang@hanmail.net
애지카페 cafe.daum.net/ejiliterature

ISBN : 979-11-5728-249-4 03810
값 10,000원

한국문화예술위원회

* 이 책(인쇄물)은 강원도, 강원문화재단 후원으로 발간되었음.
당신이 평창입니다 It's you, PyeongChang

이 명

이명 시인은 경북 안동에서 태어났고 2010년『문학과 창작』신인상, 2011년『불교신문』신춘문예에 시「분천동 본가입납」이 당선되어 작품 활동을 시작했다. 시집으로『분천동 본가입납』,『앵무새 학당』,『벌레문법』,『벽암과 놀다』가 있으며『텃골에 와서』는 다섯 번째 시집이다. 2013년 '목포문학상'을 수상했다. 장작은 뜨겁고, 장작은 불 타오른다. 성자도 뜨겁고, 성자도 불 타오른다. 시인도 뜨겁고, 시인도 불 타오른다. 이명 시인은 어둠을 밝혀주는 불과, 지혜로서의 불과, 생명이 생명을 살아 움직이게 하는 불이 되기 위하여 그 모든 욕망을 다 버리고, 그토록 간절하고 뜨거운 그리움으로 "한 독의 술"이 되어간다. 술도 뜨겁고 뜨거운 불이고, 사랑도 뜨겁고 뜨거운 불이다. 온몸으로, 온몸으로 장작이 되고 성자가 되는 '시인의 길'이 이처럼 아름답고 멋진「텃골에 와서」로 완성된 것이다. 시인의 삶은 최고- 최선의 삶이며, 아름답고 행복한 죽음의 길이 되지 않으면 안 된다.

이메일 : sewblee@hanmail.net